FRANCISCO FAUS

A TIBIEZA E OS DONS DO ESPÍRITO SANTO

4ª edição

QUADRANTE

São Paulo

2023

Copyright © 2006 do autor

Capa
Provazi Design

Dados Internacionais de Catalogação na Publicação (CIP)

Faus, Francisco
 A tibieza e os dons do Espírito Santo / Francisco Faus —
4ª ed. — São Paulo: Quadrante, 2023.

 ISBN: 978-85-7465-547-5

 1. Dúvida. Descrença 2. Dons do Espírito Santo I. Título
CDD-233.236

Índice para catálogo sistemático:
1. Dúvida. Descrença : Dons do Espírito Santo 233.236

Todos os direitos reservados a
QUADRANTE EDITORA
Rua Bernardo da Veiga, 47 - Tel.: 3873-2270
CEP 01252-020 - São Paulo - SP
www.quadrante.com.br / atendimento@quadrante.com.br

SUMÁRIO

I. Santa Mãe de Deus,
   Auxílio dos cristãos! 11

II. Sede da sabedoria,
   Espelho da justiça! 21

III. Nossa Senhora da Luz,
   Aurora da Salvação! 29

IV. Mãe do Salvador,
   Estrela da manhã! 37

V. Torre de Davi,
   Auxílio dos cristãos! 45

VI. Virgem prudentíssima!
   Mãe do Bom Conselho! 57

VII. Refúgio dos pecadores!
   Virgem clemente! 67

VIII. Piíssima Virgem Maria!
   Vaso insigne de devoção! 77

IX. Mãe nossa, Mãe dos filhos de Deus,
   irmãos do vosso Filho! 85

APRESENTAÇÃO

Este caderno contém uma meditação simples e prática sobre a tibieza, preparada como subsídio para a leitura espiritual, a meditação e o exame de consciência.

Vai dirigida a todos os cristãos que desejem ser fiéis ao seu Batismo, e que — apesar das fraquezas e claudicações que a todos acompanham —, tenham decidido, ou pelo menos tenham desejado, fazer do Evangelho o seu ideal de vida, e da imitação de Cristo o roteiro do seu caminho.

Como o leitor verá, foi utilizado o recurso literário de redigir o texto em forma de oração a Nossa Senhora, cadenciada em versículos, como hoje é praxe até nos livros litúrgicos. Visou-se com isso apenas facilitar, por um lado, a atenção do leitor, e, por outro, ajudá-lo a tirar proveito do escrito, não só com a inteligência, mas também com o coração e a vontade.

Tendo presente a doutrina católica, que nos ensina que a maturidade do amor e da santidade cristã se caracteriza pela intensa e predominante ação dos dons do Espírito Santo na alma — desde que esta se esforce por purificar-se, tirar obstáculos e ser dócil ao seu suave impulso —, esta meditação seguirá, como roteiro, a consideração de cada um dos sete dons e dos modos em que a tibieza poderia tolhê-los ou enfraquecer-lhes a eficácia santificadora.

Que Maria, nossa Mãe, a quem este texto vai dirigido, nos alcance do Espírito Santo os sete Dons divinos, que nos conduzam suave e fortemente para o Amor infinito e eterno de Deus.

O Autor

*Dedico esta meditação à memória, sempre mais luminosa, do
Pe. Ângelo Ballbé.
E a todos os homens e mulheres que, como ele, percorrem os caminhos divinos da terra — no mundo ou no claustro, no celibato ou no casamento —, procurando com toda a sua alma amar e seguir a Cristo, e amar e servir o próximo.*

*O amor à nossa Mãe
será sopro que atice em fogo vivo
as brasas de virtude que estão
ocultas sob o rescaldo da tua
tibieza*

São Josemaria Escrivá,
Caminho, n. 492

I
SANTA MÃE DE DEUS, AUXÍLIO DOS CRISTÃOS!

Por intercessão de São Josemaria
— que viveu como uma "chama viva
de amor", irradiando luz e calor
de Deus —, eu vos peço que olheis
para nós *com esses vossos olhos
misericordiosos* e nos livreis da doença
mortal da tibieza, que gela a alma,
asfixia o Amor de Deus e destrói
a caridade para com os nossos irmãos.

* * *

Lembrai-nos sempre, Mãe,
as palavras que Jesus inspirou
ao vosso filho São João na ilha
de Patmos, quando escrevia
o Apocalipse:
*Ao anjo da Igreja de Laodiceia, escreve:
— Conheço as tuas obras:
não és nem frio nem quente.
Oxalá fosses frio ou quente!*

*Mas, como és tíbio,
nem frio nem quente,
estou para te vomitar da minha boca.*

* * *

Esposa do Espírito Santo,
Mãe da divina graça!
Fazei-nos compreender que as alegrias
de Deus, *que ninguém pode tirar*,
só podem ser usufruídas
pelas almas que se empenham em
viver a sério a santidade a que
Jesus nos chamou:
*Sede, pois, perfeitos,
como é perfeito o vosso Pai que está
nos céus.*
Fazei-nos entender, Mãe nossa,
que essas alegrias,
intimamente unidas
à *paz que o mundo não pode dar*,
são fruto do Espírito Santo
— que é o Amor no seio da Trindade —,
da docilidade à sua Graça, às

suas inspirações e, sobretudo,
aos seus sete Dons.
Que vejamos que elas são
fruto da vida interior,
da união com Cristo na Cruz,
da mortificação generosa,
da vibração apostólica,
da entrega *aos que ignoram e erram*,
da solicitude para com os que sofrem
e da caridade para com todos.
Que compreendamos que essas alegrias
procedem somente do "fogo de Cristo"
— o divino Espírito Santo! —
que a alma em Graça leva,
como num templo,
dentro do coração.

* * *

Por isso, Mãe, nós vos pedimos:
— Não permitais que esse
fogo se apague.
Livrai-nos do desleixo espiritual,
da moleza consentida,

da displicência nas coisas de Deus,
da piedade formal e do dever rotineiro,
da indiferença para com o próximo,
da conivência disfarçada com
as tentações, do desejo mascarado
de tirar uma lasquinha
de cada um dos sete pecados capitais.
Mãe da divina Graça,
curai as chagas abertas na alma
pelo nosso egoísmo — "vento gelado"
que apaga as chamas de
Pentecostes —, e pelo nosso
amor-próprio mesquinho,
que se empenha em entronizar
o "eu", com seus "gostos", "vontades"
e "vaidades", no altar do coração
onde só Deus deveria reinar.
Livrai-nos de querer justificar
a nossa negligência
com mil desculpas tíbias e "razões
sem razão".
Fazei-nos compreender com luzes
claras que a tibieza — para dizê-lo

com palavras de São Paulo —
contrista o Espírito Santo de Deus.

* * *

Ajudai-nos a entender especialmente,
Mãe — nesta meditação que agora
iniciamos —, que a primeira coisa
que a tibieza "afoga" na alma do cristão
— quando atraiçoamos o Amor —
são **os sete dons do Espírito Santo**.
Os **sete Dons**, Senhora!
Eles são os sete sopros do Amor
da Trindade que enfunam as velas
da alma em Graça
e a dirigem, veloz, para Deus.
Eles são as brisas do Céu que,
suave e fortemente,
impelem as velas do barco da alma,
sempre que a alma a elas se abra,
generosa, e se deixe guiar, transparente,
como um diamante puro de três faces:
a fé, a esperança e o amor.

* * *

Eles, os **sete Dons,**
são as mãos do Amor divino
que guiam o leme desta barca frágil.
São igualmente
— como os antigos diziam —
as chuvas que fecundam a alma,
e a tornam capaz de dar frutos,
os *frutos do Espírito Santo*
que São Paulo assim enunciava:
Alegria, paz, paciência,
amabilidade, bondade, lealdade,
mansidão, autodomínio, castidade.
Os **sete Dons** são ainda, Mãe
— que maravilha! —,
indescritível esplendor de luz,
força invencível,
cálido consolo e aconchego,
e, no final da vida, nos levam
a entrar, felizes para sempre,
no próprio seio do Coração de Deus.
Por isso, Mãe, nós vos pedimos,
por intercessão de São Josemaria,

que nos obtenhais do Espírito divino
esses sete tesouros, esses
sete dons, sem os quais é impossível
que a alma avance, *de claridade em
claridade*, de amor em amor,
seguindo os passos de Cristo
até alcançar a santidade e o Céu.

II
SEDE DA SABEDORIA, ESPELHO DA JUSTIÇA!

Mãe santa,
fazei-nos amar o **_dom de Sabedoria_**,
o mais alto dos dons do Espírito Santo,
que nos faz maravilhar-nos
e saborear com gosto extasiado
— numa sintonia feliz e uma união
inefável — as grandezas de Deus,
as belezas de Deus,
as bondades de Deus,
os abismos de luz dos
mistérios de Deus,
as maravilhas da Graça divina
e as exigências santas do Amor.

***

Mãe, consegui do Espírito Santo para
nós, sem falta
— atrevemo-nos a pedir-vos assim,
com ousadia —,
que cada vez nos enamore mais
o Rosto de Cristo
e a Palavra de Cristo,

a Vida de Cristo
e a Morte de Cristo.
Que O procuremos com ânsia,
com uma sede que a cada dia cresça,
e estejamos decididos a imitá-Lo
e a segui-Lo,
e a abraçá-Lo
como o nosso único bem,
como o nosso único
Caminho, Verdade e Vida.
Ajudai-nos, Mãe, a dizer,
com São Josemaria:
"Jesus: ver-Te, falar contigo!
Permanecer assim, contemplando-Te,
abismado na imensidade
da tua formosura,
e não cessar nunca, nunca,
nessa contemplação!
Oh, Cristo, quem Te pudesse ver!
Quem Te pudesse ver,
para ficar ferido de amor por Ti!"
De maneira muito especial, Mãe,
rogai ao Espírito divino
que acenda em nós
— como um carvão em brasa —

um amor cativado, louco,
cheio de indizíveis doçuras,
pelo mistério da Sagrada Eucaristia,
"que contém todo o bem espiritual
da Igreja: pois nela se contém
o próprio Cristo".
A Eucaristia!
É neste mistério que está presente
o *Amor que chegou até ao fim*,
até à entrega plena da vida na Cruz,
por nós, pecadores,
e pela nossa salvação.
Dai-nos fome desse Pão Vivo,
que nEle nos transforma,
quando nos alimenta;
e que ao mesmo tempo é o nosso
grande Amigo, "que nunca atraiçoa",
sempre à nossa espera
em cada um dos Sacrários da terra.

* * *

Alcançai-nos, Mãe, ainda,
que, com o **dom de Sabedoria**,
saibamos captar com júbilo

e agradecer sem cansaço
a beleza da entrega total,
a paz profunda e o gozo sereno
da fidelidade à nossa vocação,
tanto nas horas fáceis como nas difíceis.
Que nos ensine a entoar
o cântico do coração generoso
que não quer entregar-se pela metade,
mas dar-se inteiro
a Deus e a todos os irmãos.
Coração generoso que estremece,
"com ânsias em amores inflamado",
na gloriosa esperança de chegar um dia
— conduzindo uma multidão de
irmãos — à gloriosa morada do Céu,
à fogueira indescritível de Amor
que é a Santíssima Trindade.

* * *

Mãe, nós vos pedimos
que o vosso Coração Imaculado
nos ajude de tal modo que possamos
proclamar agora e na hora
da nossa morte:

*Nós conhecemos o Amor de Deus
e acreditamos nele.*
Bem sabemos que, infelizmente,
quando esse dom é expulso da alma
por nossa culpa,
as coisas de Deus se nos tornam
insípidas e tediosas,
assim como os mais deliciosos manjares
se tornam repugnantes ao
paladar estragado.
Fazei com que compreendamos
o que dizia o Servo de Deus Álvaro
del Portillo:
"Que tristeza causa uma alma tíbia!
Uma alma que teve labaredas de amor
de Deus, de zelo pelas almas;
um coração que experimentou
as alegrias da entrega generosa
e que começa a perder fogo, calor,
pouco a pouco, até terminar na
mais lamentável indiferença perante
tudo o que não satisfaz o seu próprio
egoísmo carnal ou espiritual".
Não permitais, Mãe do belo amor,
que as coisas de Deus

cheguem a nos causar jamais
nem cansaço, nem repugnância,
nem tédio,
por nos termos afundado
no abismo da tibieza!

III

NOSSA SENHORA DA LUZ, AURORA DA SALVAÇÃO!

Nós sabemos que a tibieza
ofusca também o **dom
de Entendimento**,
que faz com que a nossa inteligência
capte o esplendor luminoso
das verdades reveladas por Deus
e de todas as outras luzes
— também as da reta razão —
que sinalizam o caminho
da Verdade e do Bem, de
modo que o Reino de Deus
possa instaurar-se na nossa alma
e em todos os âmbitos
do mundo em que vivemos.

* * *

Mãe, quando nos falta esse dom,
a nossa inteligência (que Deus nos livre
disso!), mesmo que tenha tido muita luz,
fecha-se num túnel acanhado e sombrio,
e cada vez vai entendendo menos
e deturpando mais

a autêntica e única Verdade,
e o único e verdadeiro Bem.
Mãe, eu bem sei que o coração enevoado
do tíbio, *tendo olhos, não vê,*
e, tendo ouvidos, não ouve.
E (o que é mais desolador)
julga ver melhor do que ninguém
e entender mais do que ninguém,
quando, na realidade,
como diz Cristo no Apocalipse,
a sua tragédia consiste em que
não sabe que é infeliz, miserável,
pobre, cego e nu.

* * *

Mãe, livrai-nos dessa doença
insidiosa da tibieza,
que faz absurdamente compatíveis
o conhecimento da doutrina da fé,
e até as mais altas especulações
da filosofia, da teologia e da história,
com as mais baixas mesquinharias,
com as mais tolas vaidades,
com os erros mais vulgares.

E, então — é inevitável, Mãe! —
a tibieza provoca a lastimável situação
que descrevia São Paulo,
escrevendo aos Coríntios:
A ciência incha,
mas o amor edifica.
Porque é verdade que,
como dizia ainda o Apóstolo,
mesmo que eu conhecesse todos os
mistérios e toda a ciência...,
se não tiver amor, não sou nada.
E ainda acrescentava:
O homem animal
— o puramente humano,
despido da graça divina —
não capta as coisas do Espírito de Deus,
pois para ele são loucuras.
Nem as pode compreender, porque
é pelo Espírito que se devem ponderar.

* * *

Por isso, nós vos pedimos,
Santa Mãe de Deus,
a luz da fé que abre a alma

ao "esplendor da Verdade",
que nos liberta, como dizia
São Josemaria, da "visão plana,
pegada à terra, de duas dimensões",
e nos inunda os olhos e a alma
da visão sobrenatural,
do clarão fulgurante de Deus,
que nos dá "a terceira dimensão:
a altura.
E, com ela, o relevo o peso e o volume".

* * *

Purificai os nossos olhos, Mãe,
das sombras do orgulho intelectual,
que julga saber das coisas de Deus
mais do que o próprio Deus,
mais do que a Santa Igreja,
e faz com que os pseudo-sábios
orgulhosos (que muito leram e
pouco entenderam)
"passem pela vida como por um túnel
— como dizia São Josemaria —,
e não compreendam o esplendor
e a segurança e o calor do sol da fé".

Que o divino Espírito Santo
nos faça ouvir as palavras de Jesus
que jamais deveríamos esquecer:
Eu sou a luz do mundo.
Aquele que me segue
não andará nas trevas,
porque terá a luz da vida.

IV
MÃE DO SALVADOR, ESTRELA DA MANHÃ!

Vós que guiais pela mão os filhos de Deus,
que Ele confiou ao vosso coração
materno, fazei-nos compreender
a necessidade que temos do
dom de Ciência,
pois, com ele, o Espírito Santo
nos ajuda a ver o mundo e todos os
seres criados com os olhos
e a perspectiva de Deus.
O que vale e o que não vale.
O que é relativo e o que é absoluto.
O que tem valor de fim
e o que é um simples meio.
O que é caduco
e o que perdura por toda a eternidade.
Vós sabeis, Mãe boa,
que essa visão, hoje,
mais do que em outras épocas,
nos faz uma falta imensa,
porque é tão fácil enganar-se
com as falsas opiniões que dominam
o ambiente, com os clamores

desnorteantes da mídia,
com os juízos distorcidos
pelo interesse e o egoísmo,
e com todas as miragens aliciantes
de uma falsa felicidade, fundada
no prazer sem norte,
e na liberdade sem rumo e sem Deus.

* * *

Fazei-nos compreender, querer e amar
os verdadeiros valores,
sem cair na tentação de *servir
a dois senhores*, a Deus e aos
anseios sôfregos
de dinheiro, de prazer,
de triunfo meramente terreno
e de glória mundana.
Acendei diante dos nossos olhos,
como um aviso luminoso, a frase
de Jesus: *Que adianta ao homem
ganhar o mundo inteiro,
se vier a perder a sua alma*?
E também o que escrevia João,
o discípulo amado:

Se alguém ama o mundo
(o mundo das concupiscências
e das ambições orgulhosas e egoístas),
não está nele o amor do Pai.
O mundo passa com as suas
concupiscências, mas quem cumpre
a vontade de Deus
permanece eternamente.

* * *

A tibieza, Mãe,
eu sei que abafa o dom de Ciência,
porque apaga o sentido dos valores
divinos, dos valores cristãos,
e dos valores verdadeiramente humanos,
quando não nos interessa aceitá-los,
porque exigem nobreza e sacrifício
e renúncia à vida leviana e fácil,
e nos pedem que deixemos de fazer
o que "todos os outros fazem",
o que é bem visto pelo mundo
e "politicamente correto".
A tibieza, então,

enche os nossos olhos de terra
e o coração de pó.
Então, a pobre alma quer fazer média,
manter uma vela acesa a Deus
e outra ao culto do "eu"
e do "mundo mundano";
uma vela a Deus
e outra à presunção e à vanglória;
uma vela a Deus
e outra ao dinheiro
e à desordem sensual.
Então, com os olhos cheios de barro,
podemos achar mais importante brilhar
nos píncaros da vida acadêmica
ou empresarial, do que entregarmo-nos,
com alegria, a praticar o humilde
espírito de serviço com que Vós, Mãe,
Escrava do Senhor,
prestastes um auxílio eficaz, discreto,
generoso e sem brilho,
à vossa prima santa Isabel.
Eis a escrava do Senhor!
Que felicidade, Mãe,
amar o mundo para o servir,
como vós o amastes,

com os olhos tão limpos;
como Jesus o amou,
para santificá-lo e salvá-lo.
E não para dele nos servirmos
e dele fazer o nosso pedestal.

* * *

Livrai-nos, pois, de cair na tibieza
e de viver aos pés dos ídolos de barro,
das opiniões tortuosas que dominam
tantos âmbitos do ensino,
da cultura, da mídia,
das famílias, e, às vezes,
até invadem santuários
que deviam reservar-se só
para adorar e irradiar a Deus.

V
TORRE DE DAVI, AUXÍLIO DOS CRISTÃOS!

Nós vos pedimos,
por intercessão de São Josemaria,
que nos alcanceis de Deus
o **_dom de Fortaleza_**,
que nos torna firmes e perseverantes
para praticar as virtudes difíceis,
até mesmo as heroicas,
e nos faz corajosos para enfrentar
as dificuldades,
e rijos e pacientes
para abraçar os sacrifícios
e padecimentos que Deus nos pede
para alcançarmos a santidade
e a glória do Céu.

* * *

Mãe, nós bem sabemos que somos
fracos e que, se nos faltassem
a Graça e os dons do Espírito Santo,
a toda hora deveríamos dizer,
com palavras do Apóstolo Paulo:

*Não faço o bem que quero,
mas o mal que não quero.*
Mas, infelizmente, Mãe,
mesmo sabendo disso,
não jogamos limpo.
E — para nos justificarmos —
fazemos por esquecer
a promessa de Jesus:
Basta-te a minha graça.
Descuidamo-nos de procurar
essa Graça,
com a oração, com os
santos Sacramentos,
com a Confissão, sobretudo,
e a Santíssima Eucaristia;
com o dever santificado,
e com a luta ascética levada com amor.
E até parece
que só sabemos alegar, depois,
como desculpa
— inconsistente e esfiapada —
que *a carne é fraca*.
(Mas evitamos cuidadosamente
declarar que "a Graça é forte"!)

* * *

A pura verdade, Mãe — bem o sabeis —,
é que, se fôssemos generosos,
e se, como Jesus dizia,
vigiássemos e orássemos,
em vez de aceitar as desculpas
da tibieza,
exclamaríamos: *Posso tudo
nAquele que me dá forças!*
E gritaríamos, cheios de confiança:
*Se Deus é por nós,
quem será contra nós?*

* * *

Mas será que Deus pode *ser por nós*
quando fugimos covardemente dEle
por medo de suas amáveis exigências?
Quando enchemos a consciência
de desculpas e mentiras,
como bolhas de sabão,
vazias e irisadas de brilhos falsos
para não sermos tão generosos
e tão firmes como Deus nos quer;
quando enchemos a consciência

de bolhas de teorias pseudointelectuais,
que abençoam a omissão e a mediania;
de bolhas de interpretações atenuadas
da Palavra de Deus,
de bolhas de críticas despeitadas
aos que não acompanham
a nossa fraca mediocridade;
e até, algumas vezes,
de bolhas empeçonhadas
de revolta contra a "radicalidade
evangélica" de que falava com
tanto amor João Paulo II,
pois achamos que é impossível
e seria cruel exigi-la aos cristãos.

* * *

E assim, Mãe, tolos de nós,
hipócritas de nós,
comodistas de nós,
vamos vivendo na moleza e na mentira
de uma santidade sempre proposta
como meta e nunca seriamente
pedida a Deus
nem tentada com esforço,

de uma entrega apregoada como ideal
e nunca efetivada,
de uma imitação de Cristo sempre
desejada e nunca abraçada.

* * *

Mãe, será que o Espírito Santo
nos pode dar
o dom de fortaleza
quando ocultamos embaixo do tapete
as grandes verdades que Jesus,
Caminho, Verdade e Vida, proclamou?
— *Esforçai-vos por entrar pela porta
estreita!*
— *Se alguém quiser vir após mim,
negue-se a si mesmo, tome a sua cruz
e siga-me.*
— *Quem quiser salvar a sua vida
a perderá; e quem perder a sua vida
por causa de mim a encontrará.*
— *Quem ama seu pai ou sua mãe
mais do que a mim,
não é digno de mim.*

*— Portanto, qualquer um de vós,
se não renunciar a tudo o que tem,
não pode ser meu discípulo.
— Se o grão de trigo que cai na terra
não morre, fica só; mas, se morre,
produz muito fruto.*

* * *

Mãe de Jesus Cristo, Virgem fiel,
há uma coisa que o mundo não entende
e que as almas tíbias
já deixaram de compreender
com uma miopia grave ou uma
cegueira total:
Que só pelo *caminho íngreme*
e pela *porta estreita*,
abraçando a Cruz com Jesus,
é que as almas sobem cantando
e atingem a felicidade do Céu.
Mas que, pela *porta espaçosa*
e o *caminho fácil*
do comodismo sem luta
e da medíocre autocompaixão,
as almas só conseguem

desbarrancar chorando,
e perdem esta vida em enjoados
vazios, arriscando-se a perder
a plenitude eterna.

* * *

Por isso, eu vos peço, Mãe,
que nos façais compreender as palavras
do vosso bom filho São Josemaria,
cheias da sabedoria de Deus
e da experiência dos santos:
— *Onde não há mortificação, não há virtude*.
— *Se não te mortificas,
nunca serás alma de oração.*
— *Tanto terás de santidade
quanto tiveres de mortificação por Amor.*
Mortificação voluntária, sim, Mãe.
Mortificação da preguiça,
que nos faz desperdiçar tanto tempo
e rodopiar no caos e na desordem.
Mortificação da gula,
dos excessos e caprichos no comer
e no beber.

Autodomínio da língua,
da verborreia, da taciturnidade enfezada
e da maledicência.
Domínio da dispersão, da curiosidade,
dos olhos que chafurdam em
todas as sujeiras,
e da imaginação volátil,
a "louca da casa" que anda à solta
e faz cair na tentação.
Mortificação, sobretudo,
para cumprir com amor
o pequeno dever de cada dia;
para nos sacrificarmos e servir os outros,
para ajudá-los com alegria,
para sorrir quando nos custa,
para escutar quando estamos cansados,
para compreender em vez de desprezar...

* * *

E paciência! Mãe! A paciência!
Às vezes, é a maior fortaleza.
Vós sabeis quanto nos custa!
Por isso, não nos deixeis esquecer
que, com a ajuda da graça

e os dons do Espírito Santo,
podemos conseguir
que *a tribulação produza a paciência*
— como escreve São Paulo —,
a paciência produza a virtude
a toda a prova.
e essa virtude provada acenda
em nós a *esperança*.
A esperança que não desilude,
porque o amor de Deus foi derramado
em nossos corações
pelo Espírito Santo que nos foi dado.

VI

VIRGEM PRUDENTÍSSIMA!
MÃE DO BOM CONSELHO!

Agora, Mãe, vamos pedir a vossa
mediação para que o
Espírito Santo nos
conceda o ***dom de Conselho***,
que nos ajuda a saber discernir,
com uma prudência superior
clareada pelas luzes de Deus,
o caminho que devemos empreender
e, fielmente, manter nesta vida;
bem como cada um dos passos que,
dentro do nosso caminho —
da nossa vocação —
nos farão avançar ou recuar;
e os escolhos que deveremos contornar,
e as miragens enganosas que
teremos de evitar,
e aquilo que devamos decidir,
para o nosso bem e o dos outros;
e tudo o que será preciso rejeitar,
para ser, como Jesus nos quer,
o *servidor bom e fiel*.

* * *

Mãe, alcançai-nos esse dom
do Espírito Santo,
que também nos concede
as luzes necessárias
para bem aconselhar os outros
e orientá-los como o faria Cristo,
o Bom Pastor, pelos caminhos
da vida reta e santa, pelas sendas
que conduzem para Deus
e levam à verdadeira felicidade,
passando pela ponte da santa Cruz.
Auxílio dos cristãos!
Alcançai-nos a graça de entender
que todas as vocações são boas e santas
quando seguem os passos
do vosso Filho, pois Ele, Jesus,
é o Caminho: o único Caminho,
dentro do qual as variadas e ricas
veredas cristãs — sacerdotes e leigos,
celibatários e casados,
contemplativos no mosteiro
e contemplativos no meio do mundo —
sobem juntas para os cumes do Amor.

* * *

A todos dizia São Paulo:
— *Esta é a vontade de Deus;*
a vossa santificação.
E explicava o que é santificar-se:
— *Andai no amor*
como Cristo nos amou,
e por nós se entregou a Deus
como oferenda e sacrifício de
agradável odor.
Por isso, Virgem santa e prudente,
cheia das luzes do Céu,
não permitais que fiquemos
sem guias bons e santos,
que sejam o eco vivo do vosso
Filho Jesus, o Bom Pastor que dá
a vida pelas suas ovelhas
e as leva aos pastos da Vida divina.
Não permitais que a vossa Igreja
e as instituições da Igreja
fiquem privadas de santos pastores,
que sejam "outros Cristos".
Que não abandonem as almas na tibieza,
mas que saibam dar exemplo,

e aconselhar, e guiar e puxar,
suave e fortemente,
para os mais altos cumes
da perfeição cristã
— *procurai as coisas de cima!* —,
sem desistirem nunca de
acompanhar-nos,
com paciência e esperança,
até as alturas da santidade.

* * *

Mãe, livrai-nos dos maus pastores,
livrai-nos dos mercenários,
que aconselham sempre às ovelhas
as coisas que lhes são
fáceis e agradáveis,
as coisas que elas gostariam de ouvir,
porque a nada comprometem,
nem obrigam a mudar,
mesmo que sejam coisas falsas
e que lhes façam mal.
Como é triste que, assim, esses pastores
procurem e consigam ser estimados
pelas almas que eles vendem ao inimigo

ao preço de trinta moedas de prata!
Maus pastores que praticam
um carinho brando,
uma tolerância mole que ilude
(pois dizem que o mal não
é tão mau assim,
e, quem sabe, até, às vezes,
seja um bem).
Que evitam ensinar toda a Verdade,
e corrigir os que andam errados
para não terem que sofrer
ao "fazê-los sofrer"
com essas divinas cirurgias
que salvam as almas das
doenças mortais (e fazem,
infelizmente, o contrário
de Cristo, que fez sofrer a Pedro
porque o amava,
e por isso o corrigiu
de uma maneira tão enérgica e dura
— *Afasta-te de mim, Satanás!* —,
porque Pedro,
cheio de "bondade" errada,
queria afastá-Lo da Cruz).

* * *

Virgem santa, Mãe do bom conselho!
Não permitais que os que fomos
chamados a participar da missão
do Bom Pastor e ajudar os irmãos
a serem "outros Cristos"
(e não uns tíbios que o Senhor vomita),
não permitais, insisto,
que tenhamos compaixão
de coisas que são Amor,
como se fossem exagero,
incompreensão ou crueldade:
dessas coisas difíceis,
que fazem crescer no Amor:
as exigências da humildade,
a obediência que nos faz ser "Cristo",
— *obediente até à morte e morte
de Cruz* —; as exigências da abnegação
e da penitência, e as da castidade
e da mortificação;
e também as da reparação generosa
pelos pecados próprios e alheios
que ferem o Coração de Jesus
e *de novo O crucificam*.

Mãe, que não tenhamos medo
das exigências da santificação
do matrimônio, exigências de amor
e de fidelidade, de generosidade
para com os filhos, de dedicação
apostólica aos necessitados
espiritual e materialmente;
exigências vividas com entusiasmo,
pelo desejo ardente de que
cada lar cristão
seja um foco de luz e calor
que irradie para transformar o mundo.

* * *

Mãe, por favor! Não permitais
que jamais sejamos
daqueles que cortavam o coração
de São Paulo:
Porque há muitos por aí — dizia —,
de quem repetidas vezes vos tenho falado
e agora o digo chorando,
que se portam como inimigos
da Cruz de Cristo,
cujo destino é a perdição.

Não permitais jamais
que cometamos a infâmia
de dizer que ensinar a fé
e a doutrina da Igreja Santa,
e formar jovens e velhos
nas verdades e valores cristãos
e orientá-los na vida espiritual,
puxando para cima, como Cristo,
é fazer "lavagem de cérebro".
Que seja, sim, a "lavagem" bendita
da purificação das almas,
dos corações, dos pensamentos
e das vontades; que seja o
cumprimento fiel
da missão que Jesus nos confiou:
*Ide por todo o mundo
e anunciai o Evangelho a toda criatura...
Ensinai-lhes a observar
tudo o que vos tenho ordenado.
Eis que estou convosco todos os dias
até o fim dos tempos.*

VII

REFÚGIO DOS PECADORES!
VIRGEM CLEMENTE!

Nós vos pedimos agora, Mãe,
que nos alcanceis do Espírito Santo
o dom do ***santo Temor de Deus***,
que nos abre os olhos à infinita
grandeza e bondade de
Deus Uno e Trino,
de tal modo que compreendemos
com luz poderosa
que, "na terra — como dizia
São Josemaria —,
só há um mal que devemos temer
e, com a graça divina, evitar: o pecado".
Mas, para podermos ter essa
luz santa na alma,
ajudai-nos, Virgem pura,
a ter um vivo sentimento da grandeza
e da majestade de Deus,
que nos abisme numa
adoração profunda,
cheia de reverência e humildade,
e do temor filial de ofendê-Lo.
Ensinai-nos a viver uma adoração

tão clarividente que torne
o coração capaz de extasiar-se
perante a beleza infinita de Deus
e do seu Amor,
e também capaz de experimentar
verdadeiro temor
— *cum timore et tremore:*
com temor e tremor amorosos! —,
de pecar e ficarmos afastados dEle.

* * *

Mãe, dai-nos um coração
semelhante ao vosso,
para que convosco possamos exclamar:
A minha alma engrandece o Senhor
e o meu espírito exulta de alegria
em Deus, meu Salvador!
E que saibamos dizer isso
tão sinceramente,
tão vibrantemente,
que só o receio de que possamos
de novo ofendê-Lo,
após tê-Lo ofendido tantas vezes
— temor de filhos apaixonados pelo Pai —

chegue a nos causar arrepios,
e desperte em nossa alma
vivíssimos sentimentos de contrição,
unidos ao propósito de nunca
mais O ofender,
de fugir radicalmente das
ocasiões de pecar
e de reparar com generosidade
o mal que fizemos.

* * *

Mãe, bem sabemos
— é tão triste a nossa experiência! —
que, se esse *temor filial*
começasse a arrefecer
e se instalasse em nossa alma a tibieza,
a nossa consciência
se iria deteriorando pouco a pouco,
inexoravelmente,
tomada de cegueira e endurecimento,
até perder quase de todo
a sensibilidade moral.
Se essa tibieza nos dominasse, Mãe,
os pecados veniais (de raiva, preguiça,

irritação, murmuração, gula,
vaidade, egoísmo, sensualidade...)
nos deixariam cada vez
mais indiferentes
e esqueceríamos que — como
dizia São Josemaria —:
"Os pecados veniais fazem muito
mal à alma", e são verdadeiras
"raposas que destroem a vinha".
Cada pequena concessão a um
pecado leve é uma rachadura
na consciência e a ruptura
de uma fibra da alma.
Mãe, fazei que logo percebamos
essas fendas, pois elas vão-se abrindo
mais e mais até se tornarem portas
malditas por onde entra o pecado mortal
e por onde nós saímos a caminho
do Calvário para crucificar
novamente Jesus.

* * *

Mãe Santa, Virgem fiel!
Que vejamos!

Que não fiquem cegados
os olhos da nossa alma!
Sabemos como é temível a tibieza,
que brota, como fruto maligno,
do joio dos pecados veniais,
alimentados pela falta de humildade
e pela falta de contrição;
pelo desleixo no exame de consciência
e pelo abandono da Confissão.
Bem descrevia esse itinerário da tibieza
o vosso filho, o Servo de Deus
Álvaro del Portillo, quando dizia:
"Com um olhar apagado para o bem
e outro mais penetrante para
o que afaga o *eu*,
a vontade tíbia acumula na alma
detritos e podridão de egoísmo
e de soberba...
Surge, então, a ânsia
de compensações mundanas,
a irritabilidade ante a menor exigência
ou sacrifício, as queixas por motivos
banais, as conversas frívolas
ou centradas em nós mesmos...
E aparecem as faltas de mortificação

e sobriedade,
os sentidos são despertados
por assaltos violentos,
esfria a caridade
e se perde a vibração apostólica
para falar com garra aos
outros de Deus".

* * *

Refúgio dos pecadores!
Livrai-nos da incapacidade
de compreender a penitência,
pois essa incompreensão é um
triste sinal
de que perdemos o amor e o
temor de Deus
e, com eles, o sentido do pecado
e da delicadeza espiritual.
Livrai-nos, Mãe, desse sinal de tibieza
que nos afasta, assustados
ou escandalizados,
da prática generosa da penitência,
ungida por um forte espírito

de reparação;
que nos impede de entender
com luz divina
o valor da penitência corporal
e espiritual que todos os
santos abraçaram,
alegres e generosos,
mas que, aos olhos dos tíbios,
não passam de ridicularia,
horror e atraso "medieval".
Por isso, com versos do *Stabat Mater*
do vosso poeta Jacopone da Todi,
que meditava sobre as lágrimas
que Vós derramastes
junto da Cruz de Jesus,
nós queremos rogar-vos:
"Eia, Mãe, fonte de amor,
fazei-me sentir a dor
para que eu chore convosco.
Que arda o meu coração
no amor a Cristo, meu Deus,
para que possa agradar-Lhe.
Fazei isto, santa Mãe:
gravai fundo em minha alma
as chagas do vosso Filho.

Junto à Cruz eu quero estar,
minhas lágrimas juntar
às que lá Vós derramastes".

VIII

PIÍSSIMA VIRGEM MARIA! VASO INSIGNE DE DEVOÇÃO!

Nós vos pedimos que nos alcanceis
também do divino Espírito Santo
o **dom de Piedade**,
que nos infunde um amor filial
para com Deus,
contemplado como um Pai boníssimo,
e nos move a um espírito de oração,
terno e cálido, afetuoso e sincero,
próprio dos filhos que vivem
habitualmente na intimidade com o Pai.
Alcançai-nos esse dom,
que nos faz sentir também
a fraternidade para com todos
e cada um dos filhos
do mesmo Pai nosso,
"que está junto de nós e nos Céus".
Que falta nos faz esse dom de Piedade!
Ele nos dá olhos e coração
de *filhos muito amados*,
de crianças pequenas de Deus.
Ele nos faz contemplar,
ouvir e falar ao nosso Pai-Deus

com sentimentos de carinho inefável,
com abandono confiante de menino
que descansa nos braços do Pai
— *Abbá*, Pai! —; de um Pai
que jamais nos esquecerá,
nem deixará de olhar por nós;
que não nos deixará cair no chão;
de um Pai que — sua mão em
nossa mão — nos conduzirá
pelos caminhos da sua Sabedoria,
que são os caminhos da sua Providência,
que são os caminhos da nossa vocação.

* * *

Dai-nos, Mãe, uma confiança total
na vocação com que Deus nos agraciou.
Uma confiança serena como a vossa,
como a que tínheis quando o Pai
vos guiava no escuro e por Ele
vos deixáveis guiar,
sem revolta, sem desconcerto,
sem insegurança e sem medo.
Vós, Mãe, vos deixáveis guiar
até à pobreza da gruta de Belém,

até aos enigmas do incerto exílio
no Egito, até à incompreensível
separação do Menino
quando se deixou ficar três dias
no Templo.
E também até à renúncia
dos três anos de ausência —
a vida pública! —
quando só de tarde em tarde
podíeis ver o vosso Menino,
agora já homem feito de mais
de trinta anos,
totalmente entregado
a pregar a Palavra da salvação,
a perdoar os pecados e a sarar
todos os males,
e todas as angústias, e todos os enganos,
e todas as tristezas dos
homens pecadores, pois essa
era a missão que lhe confiara o Pai.
E, finalmente, Mãe,
fostes fiel à vocação divina com
que o Pai vos conduziu até à Cruz,
onde a última das sete espadas
transpassou o vosso coração.

Sim, o Pai conduziu-vos ao Calvário,
que é o cume do Amor,
ainda que pareça o cume do fracasso,
e é o extremo da pura doação.
Conduziu-vos ao pé da Santa Cruz
para atingirdes o cimo da
vossa santidade,
e a plenitude da vossa maternidade,
da vossa mediação materna
para com cada um de nós,
os pobres pecadores
que Jesus salvou
e vos deu como filhos.
Foi lá na Cruz, Mãe nossa,
que Ele vos designou co-redentora
e distribuidora de todas as graças
que brotaram — com a água e
o sangue — do Coração aberto de Jesus!

* * *

Vaso espiritual! Porta do Céu!
Livrai-nos da tibieza,
que apaga, como o pavio

que se extingue e fumega,
a chama do dom de Piedade!
Livrai-nos, porque, se essa desgraça
se abatesse sobre nós,
ficaríamos presos numa caverna escura
em que as sombras da revolta
e os fantasmas da mesquinhez
se confundiriam com a realidade.
As portas da vocação,
abertas para o infinito do Amor,
nos pareceriam grades de uma prisão.
Os compromissos das práticas
espirituais, essas asas leves que
nos erguem até Deus,
seriam para nós cargas de chumbo
que nos impediriam de decolar.
Os tempos dedicados a orar,
adorar, formar-nos
e aprender a fazer o apostolado
que o Amor pede aos filhos de Deus
seriam para nós fardos
desgradáveis e opressivos,
e os veríamos como algemas
que amarram, como camisas de força,
como estorvos insensatos

para a nossa "realização",
como sobrecargas
que roubam o "nosso" tempo
e tolhem a liberdade.
Quando o que acontece, Mãe,
vós sabeis disso muito melhor que nós,
é que só a Piedade,
junto com a Verdade e a Caridade,
pode tornar-nos *verdadeiramente livres*!

IX

MÃE NOSSA, MÃE DOS FILHOS DE DEUS, IRMÃOS DO VOSSO FILHO!

Ajudai-nos a beber,
— pela Graça do Espírito Santo —
da outra fonte viva do **dom de Piedade**
que é a caridade fraterna
— o carinho humano e cristão
entre os irmãos! —, o amor sincero
entre todos os filhos de Deus,
cheio de compreensão
e de santa misericórdia,
pronto para a ajuda, feliz de servir;
cheio de zelo ardente pelo
bem das almas,
com uma entrega incansável
que realiza a maravilha
do mandamento novo de Jesus:
Que vos ameis uns aos outros,
como eu vos tenho amado.
Ninguém tem maior amor
que aquele que dá a vida por seus amigos.
Nisto conhecerão todos
que sois meus discípulos,
se vos amardes mutuamente.

* * *

Que não se apaguem jamais, Mãe,
da nossa consciência e do nosso coração
— gravadas, indeléveis, como
em bronze — as palavras
do Apóstolo João:
Deus é Amor.
Se nos amarmos mutuamente,
Deus permanece em nós
e o seu Amor em nós é perfeito.
Intercedei, Mãe nossa, perante
o vosso Esposo,
o divino Espírito Santo,
para que o seu dom de Piedade
nos conduza à grandeza de coração,
à compreensão sincera e à desculpa,
e à maravilha divina do perdão
de todos quantos nos ofendem,
nos caluniam ou nos querem mal.
Que o dom de Piedade nos leve
a rezar por eles,
como vosso Filho Jesus fez e ensinou,
Sem jamais nos sentirmos melhores
nem superiores a ninguém.

E, sobretudo, que nos livre
do veneno do ressentimento,
que transforma o coração
numa poça malsã
de ódio e tergiversação.
Bem sabemos, Mãe,
que, se a tibieza viesse a secar na alma
as fontes do dom da Piedade,
as pessoas que nos amam
nos pareceriam insuportáveis;
aqueles que nos ajudam,
diríamos que nos maltratam,
chegaríamos mesmo a afirmar
que nos tratam mal
justamente aqueles a quem
nós mais maltratamos.

* * *

Mãe de misericórdia,
Vida, Doçura e Esperança nossa!
Vós bem sabeis
que a doença da tibieza,
abafando a chama do amor na alma,
conduz ao fracasso dos ideais de

santidade, desfigura os sonhos bem
sonhados e corrompe as alegrias mais
belas da vocação divina com que Deus
nos abençoou.
Vós sabeis bem, Mãe,
vós sabeis do perigo tremendo
desses fracassos não superados
pela sinceridade
e pela humilde contrição.
O nosso coração orgulhoso
não aceita o fracasso!
Revolta-se contra ele, Mãe,
com convulsões de soberba!
E, por isso, esse nosso pobre coração
começa a ferver com uma mescla
de rancor, arrogância, desprezo
e irritação.
Inevitavelmente acaba explodindo,
como um vulcão maligno;
e, então, deixamo-nos arrastar
por uma estranha sede de vingança
contra as luzes puras que nós mesmos
apagamos, contra a vocação que aos
poucos nós traímos,
contra os irmãos cujo amor rejeitamos,

e até mesmo contra a fé, sim, contra
a luz da fé, contra o Evangelho que não
soubemos viver,
e contra a voz da Igreja,
que é a voz do vosso Filho,
que acabamos não querendo escutar.
Como se, em vez de sermos nós
os culpados, fôssemos as vítimas
de Deus, da Igreja, das obras de Deus,
da nossa família espiritual
e dos irmãos que por nós deram
o sangue.

* * *

Mãe do amor formoso!
Mãe do Salvador!
Queremos pedir a vossa mediação,
— ó Onipotência suplicante! —
para que todos nós, "pobres pecadores",
crianças que sempre se extraviam
e precisam de uma mão materna
que as guie e de um regaço que
as proteja; para que nós, "os degredados
filhos de Eva", que sempre brincamos

à beira do abismo da tibieza,
sejamos inflamados no Amor de Deus,
"qual fogueira de purificação"
— como pedia São Josemaria —,
até chegarmos "à loucura".
E que essa "chama viva de amor"
transborde em caridade infatigável
e em zelo apostólico
para com todos os nossos irmãos.
Dai-nos, nós vos suplicamos,
um amor abnegado e operante
aos pobres e aos desamparados,
aos encostados e aos tristes
aos humilhados e aos injustiçados,
aos que o vício envolveu em seu manto
letal e a todos os que estão
(raiz de todos os males!)
alienados da vida de Deus.
Por vossa intercessão, Mãe,
pedimos que o Espírito Santo
derrame o Amor em nossos corações,
com todas as tonalidades da caridade
— cores vivas do divino arco-íris —
que São Paulo assim pintava:
O amor é paciente, é benfazejo;

*não é invejoso, não é presunçoso
nem se incha de orgulho;
não faz nada de vergonhoso,
não é interesseiro,
não se encoleriza,
não leva em conta o mal sofrido;
não se alegra com a injustiça,
mas fica sempre alegre com a verdade.
Tudo desculpa,
tudo crê,
tudo espera,
tudo suporta.*

À vossa proteção nos acolhemos, Santa Mãe de Deus, não desprezeis as súplicas que em nossas necessidades vos dirigimos; mas livrai-nos sempre de todos os perigos, Virgem gloriosa e bendita!

Direção geral
Renata Ferlin Sugai

Direção editorial
Hugo Langone

Produção editorial
Juliana Amato
Gabriela Haeitmann
Ronaldo Vasconcelos

Capa
Provazi Design

Diagramação
Sérgio Ramalho

ESTE LIVRO ACABOU DE SE IMPRIMIR
A 20 DE NOVEMBRO DE 2024,
EM PAPEL OFFSET 90 g/m^2.